Tayala Léha
Krieg in 2021...?
Alois Irlmaier gibt Vorzeichen bereits 1959 bekannt...

AF201067

Tayala Léha

KRIEG

in

2021... ?

**Alois Irlmaier gibt Vorzeichen
bereits 1959 bekannt...**

Hinweis:

*Dieses Buch wird für bessere Lesbarkeit
in einer größeren Schrift gedruckt.*

Bibliografische Information der Deutschen
Nationalbibliothek: Die Deutsche Nationalbibliothek
verzeichnet diese Publikation in der Deutschen
Nationalbibliografie; detaillierte bibliografische Daten
sind im Internet über www.dnb.de abrufbar.

Herstellung und Verlag:
BoD – Books on Demand, Norderstedt

ISBN 978-3-7504-9956-0

Inhaltsverzeichnis

Vorwort

Ich bin Tayala Léha – Heilerin und Buchautorin, medial begabt von Geburt an. Wie ich dazu komme, dieses Büchlein zu schreiben?

Am 30. April 2020 fiel ich vorm Gartentor daheim einfach um. Ich konnte mich weder bewegen noch sprechen, ja nicht einmal mehr meine Augen öffnen... In meinem Geiste sah ich weißes Licht auf mich zukommen, und eine männliche Stimme stellte mir liebevoll DIE EINE FRAGE: „Willst du mit mir kommen?". Mein Sehnen war in diesem Moment SO stark, dass ich einfach „Ja." sagte. Doch da raunte mir die sanfte Stimme zu: „Ich brauche dich noch auf Erden…“. Wieso wurde ich dann überhaupt gefragt, ob ich gehen wolle? Umgehend bekam ich Bilder gezeigt, hatte Visionen, die mir aufzeigten, WOFÜR ich mit meinen „etwas anderen Fähigkeiten" TATSÄCHLICH noch gebraucht würde… Als das weiße Licht verblasste, verschwand wie durch ein Wunder im Laufe von wenigen Minuten auch meine körperliche Schwäche.

Am gleichen Abend am Küchentisch: ich wurde aufgefordert, mein Handy zur Hand zu nehmen und nach einem bestimmten „Stichwort" zu googeln. Eigentlich fühlte ich mich noch zu erschöpft, um das zu tun, aber die Stimme in meinem Kopf war so unnachgiebig, sodass ich tat, worum ich gebeten wurde…

Man führte mich zu den Vorhersagen des ALOIS IRLMAIER…

Bis zu diesem Tag hatte ich noch niemals etwas von diesem Mann gehört.

Wer war Alois Irlmaier?

Alois Irlmaier war Brunnenbauer und Hellseher und lebte von 1894 bis 1959. Schon zu Lebzeiten waren seine hellsichtigen Fähigkeiten sehr gefragt. Selbst Konrad Adenauer soll ihm einen Besuch abgestattet haben.

In seiner Region WUSSTEN alle Menschen, WAS Alois Irlmaier KANN. Sie nahmen seine Voraussagen ernst und dadurch rettete er vielen Menschen das Leben, da er Bombeneinschläge exakt vorhersagen konnte.

Auch vor dem Amtsgericht in Laufen befreite er sich selbst vom Vorwurf der „Gaukelei", indem er BEWIES, was er konnte. In der Urteilsbegründung vom 4. September 1950 kann man heute noch nachlesen, welche Gaben ihn auszeichneten. (1*)

Zehn Jahre lang – bis zu seinem Tod 1959 – warnte er vor einem 3. Weltkrieg, der völlig unerwartet (nicht nur) über Deutschland hereinbrechen würde... Aber: es gäbe Vorzeichen!

Die VORZEICHEN des 3. Weltkrieges

Nach Alois Irlmaier gibt es folgende Vorzeichen IN DEUTSCHLAND:

- *Zuerst kommt ein Wohlstand wie noch nie!*
- *Dann folgt ein Glaubensabfall wie noch nie zuvor.*
- *Darauf eine Sittenverderbnis wie noch nie.*
- *Alsdann kommt eine große Anzahl bunter Fremdlinge ins Land.*
- *Das Geld verliert mehr und mehr an Wert.*
- *Bald darauf folgt die Revolution.*
- *Dann überfallen die Russen über Nacht den Westen.*

...Wir können alles kaufen, was unser Herz begehrt.

...Wer glaubt heute noch wirklich an Gott?

...Pornos, One-Night-Stands und Swingerclubs – „Sittenverderbnis" pur?

...2015 – die Flüchtlingskrise.

...Verliert unser Geld JETZT durch die Corona-Krise an Wert?

...„Revolution" – die Leute gingen im Frühjahr 2020 auf die Straße, und das nicht nur in Deutschland...

...Im Hochsommer eines Jahres käme für

alle völlig unerwartet der Überfall der Russen auf den Westen.

Zeitangaben gab es keine genauen, aber auch hierzu einige Eckdaten, die man beachten sollte:

***

„Der Krieg wird zu einer Zeit ausbrechen, wo die Menschen mit kleinen Pappdeckeln bezahlen und mit kleinen, schwarzen Kästchen reden, die ihnen auch Antwort geben".

Ich glaube kaum, dass man 1959 Kreditkarten und Smartphones kannte...

***

Zu einer jungen Caritas-Schwester (sie könnte damals ungefähr 18 Jahre alt gewesen sein) soll er 1950 gesagt haben: „Mädchen, du erlebst die große Umwälzung noch.".

Diese Damen müsste heute ca. 88 Jahre alt sein. Wie lange wird sie wohl noch leben???

***

Der Krieg würde im Hochsommer eines Jahres ausbrechen, dem *ein sehr warmer Winter* vorangegangen ist...

Im letzten Winter (2019/2020) war es

tatsächlich sehr warm im „eigentlich winterlichen" Deutschland. Wie wird wohl der nächste sein?

***

Irlmaier sagte: „Der Stunk geht um die Welt!". Andere Hellseher betiteln dieses Vorzeichen als *„globale Krise"*, die dem Krieg unmittelbar vorausgehen soll...

Was „STUNK" bedeutet?

Ich habe nachgeschaut...

Ärger, Auseinandersetzung, Streit, Zank, Zusammenstoß, Krach, Trouble, Verdruss, Zoff.

Die CORONA-KRISE ist eine weltweite Krise, die jede Menge „Stunk" ausgelöst hat in vielen Staaten unserer Erde – das zumindest ist meine ganz persönliche Deutung...

Ablauf des Krieges

Im Hochsommer eines Jahres (vermutlich Ende Juli / Anfang August) soll der Krieg völlig überraschend für Deutschland ausbrechen: *„Nach dem 3. Mord an einem Hochstehenden geht's über Nacht los.".* Völlig überraschend sollen „die Russen ÜBER NACHT den Westen" überfallen. In Speyer z.B. soll der Krieg in einer Nacht von Freitag auf Samstag zwischen 0.00 und 2.00 Uhr losgehen...

Alois Irlmaier sieht eine DREI. *„Sind es 3 Tage, 3 Wochen oder 3 Monate?".* Da die „dreitägige Finsternis" im Spätherbst diesen Krieg beenden soll, könnte er vermutlich 3 Monate anhalten...

„Zwischen Donau und Rhein ist alles in Rauch gehüllt." . Zieht südlich der Donau und westlich des Rheins! Dort wäre es laut Irlmaier sicherer als im restlichen Deutschland.

Ein breiter Streifen von der *goldenen Stadt* (Prag?) bis zur Bucht an der See soll über ein Jahr lang tödlich sein für jeden, der ihn betritt. *„Alles stirbt, selbst der Wurm 10 Meter tief unter der Erde.".* Gift? Anzunehmen. Tausende von Kampf-drohnen können ohne weiteres das tödliche Etwas *„aus dem Sand Afrikas"* in den *„Flugzeugen ohne Männer"* auf den Weg bringen.

„Ein einzelnes Flugzeug, das von Osten kommt, wirft einen Gegenstand ins große Wasser. Da hebt sich das Wasser wie ein einziges Stück turmhoch und fällt wieder herunter. Alles wird überschwemmt.".
Eine Wasserstoffbombe hat solch eine Macht! Laut der Vorhersage soll diese Flut große Teile von Belgien, Holland, Dänemark, Deutschland und ggf. Nordfrankreich überschwemmen. Das wäre eine Flut, der niemand entrinnen kann, sollte man sich in einem – nach der Prophezeiung – gefährdeten Gebiet aufhalten. Der südliche Teil Englands würde ins Wasser hinabrutschen...
Die Städte Frankfurt, Landau an der Isar, Hamburg, Berlin, Karlsruhe, Köln, Koblenz, Landshut, Nürnberg, Passau, Regensburg und Stuttgart seien im Laufe des Krieges in großer Gefahr! **„Relativ sicher"** (bis auf bürgerkriegsähnliche Unruhen und gewaltige Flüchtlingsströme) seien München, Lindau am Bodensee, der „Saurüssel", der Osten des bayerischen Alpenraumes, das Allgäu und „Watzmann bis Wendelstein" (Berge).

Die dreitägige Finsternis

Der Krieg soll durch eine „dreitägige Finsternis" beendet werden – so Irlmaier. In diesen 72 Stunden würden mehr Menschen in Deutschland sterben als im 1. und 2. Weltkrieg zusammen. Viele berühmte Seher aus verschiedenen Erdteilen und Jahrhunderten haben diese „dreitägige Finsternis" vorhergesehen – meist im Zusammenhang mit einem Krieg, der „von Ost nach West geführt wird".

Ist die „dreitägige Finsternis" eine Naturkatastrophe? Es klingt ganz danach, denn sie wird für die gesamte Nordhalbkugel vorausgesagt. Kann man sich schützen, und wenn ja, wie?

Alois Irlmaier gibt ganz konkrete Tipps:

- In einer sehr kalten Nacht im Spätherbst geht es los. Da hört man einen Donner, und dann solle man alle Türen und Fenster DICHT schließen.
- Fenster mit schwarzem Papier zukleben und nicht hinausschauen. *„Wer hinausschaut, stirbt!".*

- Keinen mehr hereinlassen, egal, wer um Einlass fleht.
- „Der Staubtod" geht draußen um; wer den Staub einatmet, bekommt einen Krampf und stirbt.
- Man solle eine geweihte Kerze brennen lassen und beten. Der Strom wird aufhören.
- Essen in Dosen solle man bevorraten und Trockenes, wie Mehl und Reis.

„Erst der Krieg, und dann auch noch eine die gesamte Nordhalbkugel umfassende Naturkatastrophe? So ein Unsinn!" - das könnte man versucht sein zu denken... Doch schaut man sich die verfügbare Literatur genauer an und liest ausgiebig in allen Richtungen, dann stellt man schnell fest: alle Fäden führen zusammen... Fazit: was prophezeit wurde, liegt tatsächlich im Bereich des Möglichen! Das macht die Prophezeiung natürlich NICHT zur Gewissheit... Was macht man nun? Glauben? Oder besser nicht glauben? Das scheint eine wichtige Frage zu sein, die über das Schicksal jedes Einzelnen von uns entscheiden könnte...

Kassandra-Syndrom

Das klingt alles UNGLAUBLICH? Nicht nur in Ihren Ohren! Auch ICH kann mir solche Geschehnisse NICHT VORSTELLEN. Doch auch, wenn man sich nicht vorstellen kann, dass so etwas eintritt: manchmal geschehen solche Dinge TROTZDEM!

Kassandra, die Tochter des trojanischen Königs Priamos, war eine angesehene Priesterin und Seherin. Ihr warnendes Wort, das „trojanische Pferd" – das die Griechen am Strand hinterlassen hatten – nicht als Siegestrophäe ins Innere der Stadtmauern zu holen, schlugen alle in den Wind. Selbst ihr eigener Vater glaubte Kassandras Warnungen nicht, und damit war Troja dem Untergang geweiht... Noch heute bezeichnet man es als „Kassandra-Syndrom", wenn Menschen Prophezeiungen keinen Glauben schenken, weil... sie sich das Geschehen einfach NICHT VORSTELLEN KÖNNEN.
Alois Irlmaier warnte eindringlich bis zu seinem Tode vor einem 3. Weltkrieg. Auf dem Sterbebett sagte er, er ist wahrlich froh, ihn nicht mehr erleben zu müssen! ER GLAUBTE, WAS ER SAH... Was tun Sie?

Manchmal lässt sich nur schwer erkennen,
was „wirklich" ist…

Weiterführende Literatur

Wenn Sie diesen ersten Schreck bis hierhin verdaut haben, möchte ich Ihnen nun Bücher ans Herz legen, damit SIE sich eingehend selbst INFORMIEREN können!
Im Internet kann man einige Informationen nachlesen. Ausführliche Informationen zu den verschiedenen Themen finden Sie in den folgenden, deutschsprachigen Büchern:

- „Alois Irlmaier - Der Brunnenbauer von Freilassing. Sein Leben und seine Voraussagen." (Wolfgang Johannes Bekh)

- „Alois Irlmaier - Ein Mann sagt, was er sieht" (Stephan Berndt)

- „Zukunft des Abendlandes? Eine Untersuchung von Prophe-zeiungen." (Alexander Gann)

- „Countdown Weltkrieg 3.0 - Das Erscheinen der letzten Vorzeichen" (Stephan Berndt)

- „Prophezeiungen zum Dritten Weltkrieg" (Manfred Böckl)

- „Prophezeiungen zur Zukunft Europas und reale Ereignisse" (Stephan Berndt)

- „3 Tage im Spätherbst" (Stephan Berndt)

- „Refugium. Sichere Gebiete nach Alois Irlmaier und anderen Sehern." (Stephan Berndt)

- „Neustart: Visionen und Prophezeiungen über Europa und Deutschland nach Crash, Krieg und Finsternis" (Stephan Berndt)

Auch spannend in diesem Zusammenhang nachzulesen:

„Das Lied der Linde"
Prophezeiungen für Deutschland.

Welche Länder sind betroffen?

Nach Irlmaier und anderen europäischen Sehern sind (u. a.) folgende Länder in das Kriegsgeschehen involviert (2*):

- **Deutschland** als „Hauptkampfplatz": besonders zwischen Donau und Rhein, und nach der Bombenflut soll ganz Norddeutschland bis Hannover und bis einschließlich Großraum Berlin überschwemmt werden – inklusive Aachen, Köln und das gesamte Rhein–Main–Gebiet.

- **Tschechien** (besonders gefährdet: Böhmen und die Stadt Prag, die angeblich komplett vernichtet werden soll). Irlmaier wortwörtlich: *„Armes Böhmen, armes Prag!"*.

- **Österreich** (Wien, Linz sowie andere Orte und Regionen)

- **Belgien** (Bombenflut soll weite Teile überschwemmen! Brügge sei im Krieg relativ sicher.)

- *Holland* (Bombenflut soll einen Großteil des Landes überschwemmen!)

- *Dänemark* (Bombenflut soll auch hier weite Gebiete des Landes überschwemmen!)

- *Finnland* (Russen ziehen über Finnland nach *Schweden* und *Norwegen*.)

- *Schweden* (Umeå, Östersund, Härnösand, Göteborg, Malmö, Falsterbo, Hässleholm, Stockholm, Västervik, Söderköping, Norrköping, Nyköping, Örebro, Hallsberg, Gävle, Borlänge seien schwer gefährdet.)

- *Italien* (leider zu wenige Angaben, aber die Küstenregionen sind stärker bedroht.)

- *Frankreich* (Marseilles soll im Meer versinken, große Schlachten bei Lyon, Strasbourg und Paris, die Küstenregion am Mittelmeer wäre zu meiden.)

- *England* (Durch die Bombenflut zwischen Festland und der Insel soll Südengland *„ins Meer hinabrutschen…"*.)

...über Alaska würden „*gelbe Menschen*" zeitgleich in **Kanada** und in den **USA** einfallen. „*Doch werden die Massen zurückgeschlagen.*" so Irlmaier.

Welches Land würde sich ergo noch am Krieg beteiligen...? Und wieso? Darauf werden wir heute und hier wohl keine Antwort finden. Ich persönlich frage mich, was die Machthaber in Russland so dermaßen erzürnt, dass sie einen Krieg beginnen. Irlmaier sieht ein Attentat auf einen hochrangigen Politiker, das der Auslöser sein soll für den Krieg.
Menschen reagieren emotional, auch Politiker sind davor nicht gefeit. Ich denke, dass keiner leichtfertig einen Krieg beginnt. Da muss schon was dahinter stecken...

Kurz und gut: die Prophezeiungen „stehen". Dass das alles UNGLAUBLICH klingt, brauchen Sie mir nicht zu sagen. Doch die Vorhersagen von Alois Irlmaier (Deutschland), Anton Johansson (Norwegen), Birger Claesson (Schweden) und vielen anderen Sehern sind eine Warnung an uns!

Praktische Tipps

Wie will man einem Ereignis begegnen, das man nicht einschätzen kann? Schwierig...

Doch was man ganz sicher ahnen kann: Supermärkte, Apotheken, Tankstellen, Stromnetz, Wasserversorgung – das alles dürfte lahmgelegt sein in Kriegszeiten. Was dann? Sind wir auf so etwas vorbereitet? Meines Erachtens nach lautet bei den meisten die eindeutige Antwort: NEIN. Wie auch...?

Was kann man also tun, damit man nicht völlig unvorbereitet in eine solche Krisensituation gerät? Informiert sein ist wichtig! Nur, wer informiert ist, kann sich vorbereiten...

Wenn man jedoch liest, wie dieser Krieg ablaufen soll, fragt man sich sicher, ob es überhaupt möglich ist, sich zu schützen.

Nun, am Ende liegt die Sache FÜR MICH so: wenn unsere Zeit um ist, ist sie um. Wenn sie aber nicht um ist, dann gibt es allemal eine Chance!

Den Kopf in den Sand stecken – das ist zumindest für mich im Moment keine Lösung...

Also rate ich zur VORSORGE, die man ganz PRAKTISCH betreiben kann, die aber natürlich nur dann Sinn macht, wenn man sich nicht in einem besonders gefährdeten Gebiet aufhält.

1. Informationsempfang sichern mit WELTEMPFÄNGER (unabhängig vom Stromnetz sein!)
2. Tasche mit allen wichtigen Dokumenten und etwas Geld in die Nähe der Wohnungstür stellen
3. Sauberes Trinkwasser sichern durch WASSERFILTER
4. Wasserkanister für Wasservorrat
5. Tabletten / Pulver, um Wasser haltbar zu machen
6. Schlafsack für KALTE NÄCHTE
7. Unterlegplane oder Isomatte
8. Biwaksack
9. kleines Moskitonetz (!)
10. ggf. Tarp (kein Zelt!), Schnüre, Zeltheringe
11. Ohrstöpsel (Schlaf ist WICHTIG!)

12. Gaskocher und Gaskartuschen ODER / UND Holzvergaserofen (klein)
13. Zündstahl zum Feuermachen
14. Brille! Zweitexemplar anschaffen und sicher verwahren!
15. Klapptoilette (ohne Strom keine Klospülung!)
16. Kerzen als Lichtquelle
17. GEWEIHTE KERZEN (3*) und schwarzes Papier (4*) für die Fenster (Vorsorge: dreitägige Finsternis)
18. Kernseife u. alle Hygieneartikel (z.B. koch- und waschbares Stoff-Klopapier und Stoff-Damenbinden!)
19. Stofftaschentücher (kochfest)
20. Automatik-Armbanduhr oder eine mit Handaufzug (ohne Batterie, möglichst MIT Datumsanzeige)
21. Kompass
22. Fensterleder als „Handtuch" oder kleine Microfaserlappen – die tun es tatsächlich und sind leicht zu verstauen
23. Dosenvorrat, Trockenfrüchte, Mehl, Reis für mindestens 3 Wochen

24. Wichtige Medikamente bevorraten!

Aus meiner Sicht wäre Folgendes empfehlenswert:

- Schlafsack im Freien testen (...ganz wichtig: mit Moskitonetz!)

- Test: Tarp aufspannen

- Anzündhilfen und kleines Holz im Wald sammeln, Feuer machen (bitte im eigenen Grundstück!): Holzvergaserofen in Betrieb nehmen

- Wildkräuter sammeln (besonders die in Kriegszeiten besonders wertvollen Heilpflanzen Brenn-nessel und Giersch) und einfache Gerichte kochen.

Ein Tarp aufbauen erfordert – wie Vieles andere auch – ÜBUNG... ;-)
Man kann es hoch aufstellen oder bei Regen niedrig halten – in jedem Fall unbedingt die „geschlossene Seite" Richtung Westen bzw. Norden (Wetterseite).

MEINE VISIONEN

2016 hatte ich während eines Gebets eine Eingebung:

„2021 gibt es Krieg in Deutschland.
Warne alle, die du kennst!".

Nur äußerst zögerlich ließ ich mich darauf ein. Noch niemals hatte ich „Vorhersagen zum Weltgeschehen" erhalten, und deshalb wusste ich auch nur wenig damit anzufangen.

Im Januar dieses Jahres (2020) wurde mir „zugeraunt", dass möglicherweise im nächsten Jahr in Deutschland die Kartoffeln und das Getreide knapp würden.
Damit man einigermaßen gut durch die Zeit käme und NICHT HUNGERN MÜSSTE, sollte man...

1. ...Maismehl kaufen (Masa Harina!), um dünne Fladen backen zu können, die man dann mit all dem füllen könnte, was es gerade gäbe (Gemüse, Kräuter, ggf. auch Fleisch).

2. ...sich einen stromlosen Joghurt-Maker anschaffen, damit man mit Milch und etwas kochendem Wasser selbst Joghurt herstellen könne. Der würde – vor allem aus immunstärkenden Aspekten - dafür sorgen, dass man das Ganze „irgendwie überstehen könne". (...natürlich vorausgesetzt, man hat auch vorrätig Joghurtkulturen eingekauft!)

3. ...Wasser IMMER zuerst neben violettes Licht stellen, bevor man es benutzt. (...zur Reinigung? Violettes Licht soll gegen Keime wirken.). Gäbe es keinen Strom mehr für eine Farblichtlampe, dann solle man eine violette Folie nutzen, durch die das Wasser vom Sonnenlicht „violett bestrahlt" würde...

Droht uns wirklich eine Hungersnot? Und wenn ja, wieso?

Gibt es eine Verbindung zwischen der Vorhersage: „Krieg in 2021" und den Ernährungsempfehlungen...???

Schlusswort

Ich persönlich würde den Prophe-zeiungen von Alois Irlmaier keinen Glauben schenken, wenn... ich sie „durch Zufall" gelesen hätte. Obwohl ich Medium bin, würde ich zweifeln, weil... ich mir nicht vorstellen kann, dass so etwas geschieht. Und da sind wir wieder beim „Kassandra-Syndrom"! ;-)
Deshalb verstehe ich die überwiegend einheitliche Reaktion meiner Freunde auf meine zeitige Warnung in 2016: „Das halte ich für ausgeschlossen!".

Doch ich habe es klar gehört:
„2021 gibt es Krieg in Deutschland".
Kein „...es KÖNNTE Krieg geben". Es war eine klare Formulierung, die deutlich in mein Bewusstsein drang...

Ich kann nicht „auf Kommando hellsehen", sonst würde ich es JETZT tun! Mir werden zu gewissen Zeiten bestimmte Informa-tionen „durchgegeben" - auch und vor allem für mein eigenes Leben. Bisher haben sich DIESE Vorhersagen alle erfüllt – und das seit über 40 Jahren. Und nun, wo ich mich neueren Datums auf dem

„fremden Terrain der Weltgeschehnis-Prognosen" bewege, soll das anders sein??

Ich habe recherchiert – gründlichst! Seit meinem Zusammenbruch daheim vorm Gartentor am 30. April habe ich alles auf den Kopf gestellt, was ich an Informationen bekommen konnte. Zunehmend habe ich das unbestimmte GEFÜHL: alle Fäden führen zusammen...

Vermutlich kann niemand mit Gewissheit sagen, ob es ein solches Szenario in „unserer Zeit" geben wird. Aber Sie dürfen sicher sein: wenn es mir die Arbeit wert ist, dieses Büchlein zu schreiben und zu veröffentlichen und ich damit die Gefahr in Kauf nehme, mich mit diesen möglicherweise „abstrus-klingenden" Informationen lächerlich zu machen, dann... können Sie davon ausgehen, dass es mir WICHTIG ist, Sie zu informieren.

Sollte NICHTS von alldem eintreffen, wovon in diesem Büchlein geschrieben steht, gehe ich erleichtert mit meinen Lieben feiern, esse meine Lieblings-Pizza und freue mich meines Lebens...!

Dann habe ich / haben wir im besten Fall ein wenig mehr über „Krisen-Vorsorge" und auch über „Nachhaltigkeit" gelernt, denn alles, was man in einem Krieg nutzt und braucht, lässt sich nicht mit unserer „Wegwerfgesellschaft" vereinbaren.

Jedoch, meine Bitte AN SIE lautet:
achten Sie auf das Weltgeschehen – aus einem nun etwas anderen Blickwinkel heraus –, und was auch immer Sie für richtig halten und TUN wollen: TUN SIE ES BALD!

Ich wünsche uns allen, dass diese Prophezeiungen sich niemals erfüllen werden, und ganz gleich, ob sie „fix" oder „veränderlich" sind - ich bin vorsorgend tätig UND bete und hoffe auf das Beste....

Ihre Tayala Léha.

PS: DATUM ?

Mein Büchlein steht kurz vor der Veröffentlichung... Seit Tagen geistert ein Datum in meinem Kopf herum:

13. August.

Ich habe – meiner Intuition folgend – mal in Bezug auf die Prophezeiung nachgeschaut: der 13. August fällt 2020 auf einen Donnerstag, 2021 auf einen Freitag...
Ich erinnere mich, dass Irlmaier sagte, *„In SPEYER (Deutschland) beginnt der Krieg an einem Freitag zwischen 0.00 und 2.00 Uhr.“.* Eine andere Hellseherin sah, dass *„der Hafer bereitläge, aber nicht mehr eingebracht würde.“.* (2*)

Hafer wird üblicherweise ab Mitte August geerntet. Ich wollte es ganz genau wissen... Ein Anruf am 23.07.2020 beim bayrischen Landwirtschaftsministerium ergab: „In den nächsten beiden Wochen wird der Weizen eingebracht und in 2 bis 3 Wochen der Hafer.“! Volltreffer!
Wann wird die Haferernte im nächsten Jahr sein...?

Die „globale Krise", die dem Krieg UNMITTELBAR vorausgehen soll und die von vielen, anerkannten Hellsehern vorhergesagt wurde, ist möglicherweise die „Corona-Krise".

Holt uns das prophezeite Geschehen schon in 3 Wochen ein in 2020? Oder bricht der Krieg im nächsten Sommer aus? Vielleicht entgehen wir dem Kriegsgeschehen auch...? Keiner weiß es sicher.

Ich bitte Sie wiederholt: Achten Sie genauestens auf die „VORZEICHEN nach Irlmaier" und auf die aktuelle Entwicklung des Weltgeschehens!
Nehmen Sie den „13. August" vorsichtshalber NICHT wörtlich, aber ich fühle mich verpflichtet, die Eingebung mit dem Datum zu notieren, weil... es mir nicht mehr aus dem Kopf geht...

Quellenverzeichnis / Erläuterungen

1* „Gaukler-Prozess", Staatsarchiv München / BezA/LRA 208.026 – auch nachzulesen unter www.alois-irlmaier.de (Dokumente Überblick)

2* Quelle: Buch „Refugium" (Stephan Berndt)

3* „Geweihte Kerzen" gehören zu den von einem Priester geweihten Sakramentalien. Diese Kerzen sollen ein „LICHT" sein in verschiedenen Lebenslagen.

4* Schwarzes Papier als Abdeckung für alle Fenster, damit man NICHT HINAUSSCHAUEN oder aber auch nicht hereinschauen kann. Vielleicht tun es in heutiger Zeit auch – dicht schließende – Rollläden? Auf jeden Fall sollen alle Fenster und Türen licht- und blickdicht sein!

Buchtipp

Dieses Büchlein gibt es auch in einer
englischsprachigen Printausgabe.

ISBN 978-3-7504-9958-4

Diese ist erhältlich im Buchhandel in
Deutschland, Österreich und der Schweiz
sowie in Indien, China, Südkorea,
Brasilien, England, Australien,
Kanada und in den USA.